Sa

Les Rhinocéros

Savais-tu?

Les Rhinocéros

Alain M. Bergeron
Michel Quintin
Sampar

Illustrations de Sampar

ÉDITIONS
MICHEL
QUINTIN

Catalogage avant publication de Bibliothèque et Archives
nationales du Québec et Bibliothèque et Archives Canada
Bergeron, Alain M.

   Les rhinocéros

   (Savais-tu? ; 47)
   Pour enfants de 7 ans et plus.

   ISBN 978-2-89435-500-8

   1. Rhinocéros - Ouvrages pour la jeunesse. 2. Rhinocéros -
Ouvrages illustrés - Ouvrages pour la jeunesse. I. Quintin, Michel .
II. Sampar. III. Titre. IV. Collection: Bergeron, Alain M. . Savais-
tu? ; 47.

QL737.U63B47 2010   j599.66'8   C2010-941705-4

Infographie: Marie-Ève Boisvert, Éd. Michel Quintin

   Le Conseil des Arts du Canada
   The Canada Council for the Arts

Québec▫▫

▮✦▮ Patrimoine   Canadian
    canadien   Heritage

La publication de cet ouvrage a été réalisée grâce au soutien
financier du Conseil des Arts du Canada et de la SODEC.

De plus, les Éditions Michel Quintin reconnaissent l'aide
financière du gouvernement du Canada par l'entremise du
Fonds du livre du Canada pour leurs activités d'édition.

Gouvernement du Québec – Programme de crédit d'impôt
pour l'édition de livres – Gestion SODEC

ISBN 978-2-89435-500-8
Dépôt légal – Bibliothèque et Archives nationales du Québec, 2010
Dépôt légal – Bibliothèque et Archives Canada, 2010

Éditions Michel Quintin
C.P. 340, Waterloo (Québec)
Canada J0E 2N0
Tél.: 450 539-3774
Téléc.: 450 539-4905
editionsmichelquintin.ca

10 - GA - 1

Imprimé au Canada

Savais-tu qu'il existe cinq espèces de rhinocéros ? Deux d'entre elles – le rhinocéros blanc et le rhinocéros noir – vivent en Afrique, et les trois autres en Asie.

Savais-tu que ce mammifère est le seul animal sur terre avec une corne sur le nez? Son nom est d'ailleurs dérivé des mots grecs qui signifient « nez » et « corne ».

Savais-tu que le rhinocéros noir, le rhinocéros blanc et le rhinocéros de Sumatra possèdent deux cornes? Le rhinocéros indien et le rhinocéros de Java, eux, n'en ont qu'une.

Savais-tu que le record de la plus longue corne est détenu par un rhinocéros blanc? Sa corne antérieure mesurait pas moins de 1,66 mètre. Par comparaison, c'est la taille moyenne d'une femme adulte.

Savais-tu que, chez le rhinocéros, c'est la longueur de la corne qui détermine le rang?

Savais-tu que, lorsque deux rhinocéros se rencontrent, ils se contentent de croiser leurs cornes à la manière d'escrimeurs croisant le fer ? Ils le font dans le but de tester la force et les réflexes de l'autre.

Savais-tu qu'une corne qui se brise repousse en deux ou trois ans? Tout comme nos ongles et nos cheveux, la corne du rhinocéros est constituée de kératine.

Savais-tu que les rhinocéros adorent les bains de boue ?
En plus de les rafraîchir, la boue les protège des piqûres
d'insectes.

Savais-tu que le rhinocéros noir n'est pas noir et que le rhinocéros blanc n'est pas blanc? En réalité, les deux sont gris. C'est la couleur de la boue dans laquelle ils se vautrent qui varie, selon la région.

Savais-tu que, strictement végétariens, les rhinocéros mangent des feuilles et des rameaux de buissons épineux et d'arbres, ainsi que de l'herbe et des fruits?

Dans certaines régions d'Afrique, les rhinocéros consomment aussi le crottin des gnous.

Savais-tu que le rhinocéros noir est l'une des rares espèces à se nourrir de la végétation épineuse délaissée par les autres animaux ? Il broie et avale sans problème des épines longues de 10 centimètres.

Savais-tu que le rhinocéros noir est le seul animal capable de traverser un massif végétal hérissé de piquants sans aucune gêne ? Sa peau très épaisse le protège des égratignures.

Savais-tu que le rhinocéros blanc est le deuxième plus grand mammifère terrestre après l'éléphant? Deux fois plus lourd que le rhinocéros noir, il peut peser jusqu'à 3,6 tonnes, soit un poids équivalent à 50 hommes de taille moyenne.

Savais-tu qu'à elle seule la tête du rhinocéros blanc peut peser plus de 900 kilos ? C'est l'équivalent du poids de 12 hommes de taille moyenne.

Savais-tu que le rhinocéros ne se dirige qu'à l'odeur? L'odorat, son sens le plus développé, est l'un des plus perfectionnés du monde animal.

Savais-tu que le rhinocéros voit très mal au-delà de 30 mètres ? Aussi, comme ses petits yeux situés de chaque côté de sa tête l'empêchent de voir de face, il doit tourner la tête pour regarder droit devant lui.

Savais-tu qu'à cause de sa mauvaise vision le rhinocéros est très imprévisible ? Dès qu'il se sent menacé, il peut charger sans raison, qu'il s'agisse de véhicules ou de pacifiques

éléphants. On a même déjà vu des rhinocéros foncer sur des arbres ou des rochers qu'ils croyaient menaçants.

Savais-tu que le rhinocéros peut charger à une vitesse de 56 kilomètres à l'heure? C'est aussi vite que la plupart des chevaux, mais contrairement à eux, il ne peut maintenir cette vitesse bien longtemps.

Savais-tu que tous les rhinocéros aiment aller à l'eau et sont d'excellents nageurs?

Savais-tu que, mis à part en période de reproduction, les rhinocéros sont généralement solitaires?

Savais-tu qu'en période d'accouplement, l'essentiel de leurs jeux amoureux est constitué de grognements, de coups de tête, de jets d'urine, de défécations et d'éparpillement du crottin?

Savais-tu que le petit rhinocéros vient au monde sans corne? Elle poussera en deux ou trois ans.

Savais-tu qu'après une gestation d'environ 16 mois, la femelle met au monde un seul petit? Celui-ci tète sa mère pendant environ deux ans et la quitte dès qu'elle donne naissance à un nouveau petit.

Savais-tu que les pique-bœufs se perchent sur les rhinocéros pour se nourrir de leurs parasites externes (puces, tiques, mouches)? En plus, en s'envolant à l'approche d'un danger, ces oiseaux insectivores leur servent de sentinelles.

Savais-tu que le rhinocéros mène une vie pacifique et qu'il peut vivre jusqu'à 50 ans?

Savais-tu que, chassés presque jusqu'à l'extermination pour leurs cornes vendues principalement en Asie, les rhinocéros sont encore aujourd'hui victimes des braconniers?

On attribue à tort des vertus aphrodisiaques à la corne de rhinocéros.

Savais-tu qu'une corne peut se vendre près d'un demi-million de dollars américains? À certains endroits, les cornes valent deux fois plus que leur pesant d'or.

Savais-tu que, dans certaines réserves, on coupe les cornes des rhinocéros pour décourager les braconniers?

Savais-tu que le rhinocéros fait partie des espèces protégées ?
La population mondiale de cet animal compte environ
8 000 individus.

PROTÉGEONS
NOS FORÊTS

Ce livre a été imprimé sur du papier contenant 100 %
de fibres recyclées postconsommation, certifié Écolo-Logo
et Procédé sans chlore et fabriqué à partir d'énergie biogaz.